AF599381

Conversaciones con mi psicóloga

Claudio Lier

Aliarediciones

Edición al cuidado de ALIAR Ediciones
www.aliarediciones.es
info@aliarediciones.es

Primera edición: julio 2024
Depósito Legal: GR 897-2024
ISBN: 978-84-10374-28-7

Impreso en España - *Printed in Spain*

El papel utilizado para la impresión de este libro está calificado como papel ecológico y procede de bosques gestionados de manera sostenible.

Conversaciones con mi psicóloga

Claudio Lier

Prólogo

Cada obra teatral es una oportunidad para encontrar el sentido del arte y, por ende, de la vida. Claudio Lier nos ofrece una pieza que va más allá de la simple narrativa, sumergiéndonos en un viaje filosófico profundo.

Conversaciones con mi psicóloga no es solo un diálogo entre un paciente y su terapeuta; es una reflexión sobre la naturaleza humana, la existencia y las complejidades de la mente.

Como actriz, tengo el privilegio de escribir este prólogo y compartir mi experiencia al involucrarme en esta obra rica en contenido y profundidad. Ponerse en la piel de los personajes, tanto del paciente como de la psicoterapeuta, es una experiencia transformadora.

El paciente, con su búsqueda incesante de sentido y su lucha interna, nos invita a cuestionar nuestras propias percepciones y a enfrentar nuestras inquietudes existenciales. La psicoterapeuta, por su parte, actúa como guía y espejo, reflejando las complejidades de la mente humana. Ambos roles requieren una inmersión total, no solo en la actuación, sino también en la comprensión de las referencias filosóficas que Claudio incorpora de manera ejemplar.

Las acotaciones son especialmente significativas, ya que orientan la acción escénica y revelan los pensamientos y emociones de los personajes. Nos permiten entender el estado emocional del paciente, su desesperación y su búsqueda de respuestas, así como las reacciones de la psicoterapeuta, mostrando su empatía, frustración y compromiso profesional.

Además, aportan una dimensión adicional a la relación entre los personajes fuera de la consulta. El paciente reflexiona sobre sus encuentros, sintiendo una mezcla de gratitud y desesperación, consciente de las herramientas que recibe y el dolor que enfrenta. La psicoterapeuta, por su parte, se preocupa por el bienestar del paciente y duda sobre la eficacia de su intervención, lo que revela su dedicación y la complejidad de su rol en la vida del paciente.

El consultorio psicológico, como microcosmos de la vida, se convierte en un escenario donde se debaten con intensidad y profundidad cuestiones sobre la voluntad, la vitalidad y la lucha interna entre Eros y Tánatos. La relación entre el paciente y la psicóloga revela una danza entre la razón y la emoción, entre la esperanza y la desesperación. Como lectora, *Conversaciones con mi psicóloga* es una invitación a un viaje introspectivo.

La influencia de filósofos como Nietzsche, con su «eterno retorno», y Freud, con la dualidad entre las pulsiones de vida y muerte, se manifiesta en las crisis existenciales del paciente. La obra también evoca la tragedia griega, donde el héroe no puede escapar de su destino.

El protagonista de Lier, similar al héroe trágico, se encuentra atrapado en un ciclo de autodescubrimiento y lucha, incapaz de evadir sus conflictos internos. Esta ineludible confrontación con su destino resuena con la fuerza de los antiguos mitos griegos, añadiendo una capa adicional de profundidad y tragedia a la narrativa.

La obra no solo explora conceptos filosóficos de manera abstracta, sino que los aterriza en experiencias humanas palpables. La lucha del protagonista con sus relaciones, su bloqueo creativo y su constante introspección reflejan una búsqueda de autenticidad y comprensión de sí mismo. Lier nos muestra cómo la filosofía es una herramienta vital para navegar la vida, al igual que lo es el teatro.

La intensidad de los diálogos y la profundidad de los personajes crean una atmósfera que atrae irresistiblemente al lector o espectador. Cada escena nos desafía a ver más allá de lo superficial y a encontrar un significado más profundo en nuestras propias vidas.

Claudio nos invita a acompañarlo en un viaje introspectivo, desafiándonos a cuestionar nuestras creencias y a explorar las profundidades de nuestra psique. Su pasión por la filosofía y su habilidad para transformar el escenario teatral en un espacio de reflexión y autoconocimiento es admirable. Que esta lectura nos inspire a todos a mirar más allá de lo obvio y a encontrar significado en lo sutil de cada conversación y pensamiento.

Marta R. Sanz

A mamá,
que de pequeño me llevaba todos los sábados
por la tarde al teatro del Club Social CEC.

A mi abuelito Carl,
que me regaló de adolescente
«Mi hermano era aviador», *de Bertolt Brecht.*

ESCENA 1

(Consulta de psicología. Un diván o sillón para el paciente, una silla para la psicóloga. Luz muy tenue. Decoración mínima, atrezo escaso. A oscuras. Voces en off *simulan una llamada de teléfono entre la psicóloga y el paciente, antes de comenzar-retomar las sesiones).*

P.: R., ¿va a retomar la terapia? Pregunto porque tengo una agenda pactada con usted y, además, así también me paga lo que me debe.

R.: Sí...

P.: ¿Mantenemos el mismo horario? ¿Los miércoles, como decía usted: cuando el cielo se pone rojo Lynch?

R.: Humm, sí...

(Se enciende una luz tenue, aparecen los protagonistas en escena).

ESCENA 2

P.: ¿Cómo le ha ido durante este tiempo? ¿Sigue con Raquel?

R.: No. Igual el caso Raquel ya lo habíamos cerrado, creo.

P.: Cierto, era Lola entonces, si mal no recuerdo.

R.: Sí, era ella. Lo dejamos. Igual que con Raquel, no pasé la barrera del quinto mes.

P.: Vaya, lo siento. No se adjudique toda la responsabilidad usted. Ambos no pasaron la barrera del quinto mes. ¿Y por qué lo dejaron? ¿Qué ocurrió?

R.: Un día la encontré haciendo una barbacoa con sus amigas en la terraza.

P.: ¿Y qué hay de malo en eso?

R.: Que para encender la barbacoa había utilizado los borradores de la novela en la que yo estaba trabajando.

(Voz en off *de R., como si pensara, o también puede decirlo al público).*

R.: Como siempre, ahora vendrá la parte en la que ella dirá que repito patrón una y otra vez. Dará el ejemplo de la balsa en la que voy solo y debo remar cada vez con más fuerza para no hundirme en mis propios fantasmas. No sé, como siempre, seguiré sin entender bien a qué se refiere y haré lo que vengo haciendo desde que comenzamos esta terapia: simular que la entiendo, mover la cabeza de arriba hacia abajo, abrir bien grandes los ojos, mirarla fijamente. Ella hará como que apunta algo en la libreta, cruzará los brazos, un suspiro largo y...

P.: Quedamos para el miércoles, R. Como siempre, a las seis de la tarde.

(R. sale de la escena. Voz en off de P., o hablando al público).

R.: Ahora saldrá de la consulta. Cogerá el ascensor. Permanecerá un rato observándose en el espejo. Pensará en lo que hemos hablado. Me dará la razón con lo del patrón. Se preguntará qué quiso decir con lo de la balsa, levantará los hombros y se dirá a sí misma: «¿Qué más da? El sol cae una vez más, hermoso por entre los árboles».

(Fundido en negro).

ESCENA 3

P.: Bien, R., ¿ha trabajado las habilidades sociales, como hemos quedado?

R.: No. Aún sigo leyendo a Schopenhauer.

P.: Así no vamos a avanzar nada.

R.: ¿Y hacia dónde debemos avanzar?

P.: ¿Usted qué cree?

R.: No lo sé. Dígamelo usted.

P.: Son sus paradigmas los que intentamos trabajar, no los míos.

R.: *(Al público).* Hablaremos un poco más de cómo sigo estancado en el tiempo. Todo lo que no termino. Las *folcuciones.* Procrastinar.

Le hablaré de Foucault y las voliciones, ella se enojará.

(Se oye una cinta de cassette *que se atasca. R. lleva un* walkman *debajo de la cazadora que comienza a pitar cada vez más fuerte).*

P.: ¿Qué es ese ruido?

R.: No lo sé.

P.: No me diga que está otra vez grabando las sesiones...

(P. se levanta del sillón. Va hacia R. Él intenta esconder el aparato, aunque cae al suelo).

P.: ¡Ya sabía yo!

(Forcejean. Se lo queda ella).

P.: Hablaremos de esto en la próxima sesión. Además, no entiendo por qué lo hace con un *walkman*, existiendo los móviles para grabar. Habíamos quedado en no más sesiones grabadas.

(R. sale de escena. A la vez que baja la luz, P. se dirige al público).

P.: Ahora pensará en memorizarlas. Saldrá de la consulta. Andará un buen rato, como luego cuenta que hace cada vez que viene aquí. Malasaña. Gran Vía. Y pensará, envuelto en la anhedonia que lo caracteriza, que el asfalto e incluso la gente parecen derretirse. Sabrá que sanar la melancolía llevará varias sesiones, lo que supondrá tanto para él como para mí hacernos fuertes de memoria.

(Fundido en negro).

ESCENA 4

P.: Bien, R., ¿cómo le ha ido esta semana? ¿Sigue con la idea de pretender dormir veinte años seguidos?

R.: Ha cambiado algo. Ahora son veinticinco.

P.: ¿Y por qué cree que piensa eso?

R.: No lo sé. Por eso vengo aquí. Aunque usted me dirá que la respuesta está en mí y todo eso. Pero he estado pensando en la belleza de todo este asunto.

P.: ¿Sí? ¿Y qué es lo que pensó?

R.: Que también hay belleza en la tristeza. Así como la hay en la alegría. Claro, usted me dirá que lo primero hace daño y lo segundo no. Algo de eso hablan en *El banquete.*

P.: ¿Qué dicen?

R.: Anaxágoras habla sobre la tiranía de lo ético sobre lo estético. Para mí el invierno, estar triste, lo gris... me puede parecer sumamente bello. Aunque usted me dirá que quizás no es ético pensar así. No lo sé.

P.: No he dicho nada aún. Es interesante lo que me cuenta. Me gustaría saber su opinión al respecto. No la de Anaxágoras.

R.: Hace tiempo que prefiero no formarme una opinión de casi nada. Está bien así.

P.: ¿Hace cuánto que no se regala algo?

R.: No lo sé. Meses. Años, quizás. Me viene a la cabeza ahora Foucault, y no porque lo último que me regalase haya sido un libro de él. Quizás sí. De pronto pensé en lo que decía él acerca de que ni siquiera la alegría es algo que elegimos. Que todo está establecido. Premeditado. Simples títeres lacanianos.

P.: Hum... es la hora, R.

(Voz en off *de P.).*

P.: Ahora saldrá de aquí. Caminará un buen rato. Pensará en lo tanto que desea que llegue el otoño. Cree, inútilmente, que esto mejorará su ánimo. A fin de cuentas, comprará algo como autorregalo. Un cactus, sí. Lo sé. De todas las plantas posibles elegirá un cactus. Y le pondrá de nombre Anaxágoras, por lo tanto que habla de él. Parado en cualquier acera mirará a la planta. Envuelto en la anhedonia que lo caracteriza y con la que ha creado el personaje del cual se ha enamorado, pensará: «Sí, sus espinas se parecen a las mías».

(Mientras P. hace estas suposiciones en voz alta, R., a un costado, fuera de la escena, interpreta lo relatado).

ESCENA 5

P.: ¿Cómo le ha ido esta semana? ¿Alternó sus lecturas con temáticas más rutinarias, ligeras, como habíamos quedado?

R.: Sí, comencé a leer *El Jueves*, la revista que sale los miércoles.

P.: Mire qué coincidencia, el mismo día que viene aquí.

R.: Eso es. Es más, la compro justo al salir de aquí. En un puesto de prensa que hay abajo.

P.: Bien. Está bien leer filosofía y ensayo, aunque no podemos estar todo el tiempo analizando cuestiones que escapan a nosotros. Le noto mejor, hoy al menos se ha peinado.

R.: ¿Sí? Aunque sigo con mi idea de pretender dormir veinticinco años seguidos.

P.: Eso en cierto modo es una actitud escapista. ¿De qué escapa, R.?

R.: Más bien es aburrimiento. Por no decir inconformismo. Apatía. Un terrible desgano ante el normal advenimiento de los hechos, ya sean macros o micros.

(Voz en off *de R.).*

R.: Ahora ella hablará de la necesidad de lo urgente sobre lo importante y dirá todo eso de volver a recuperar la ilusión y que comience primero por recuperar la curiosidad. Será algo parecido a volver a aprender a caminar: primero un pie, luego otro; y que uno de esos primeros pasos podría ser, por ejemplo, volver a comer. Aunque sea algo mínimo.

P.: ... al menos esas ensaladas del Carrefour. E intente dar un paseo, algo de sol le vendrá bien.

(Voz en off *de P.).*

P.: Hará lo de siempre y luego lo contará aquí el miércoles que viene. Irá al puesto de prensa, comprará la revista. Caminará un poco oyendo a Bill Evans, irá al Retiro, observará cómo un mirlo canta a la puesta del sol e imagino que pensará que, pese a la anhedonia, hay vida que palpita latente aún, más allá de las ensaladas del Carrefour.

ESCENA 6

P.: ¿Cómo le ha ido esta semana, pudo hablar con su familia?

R.: Hace años que no hablo con nadie de mi familia. Con desconocidos menos. Como decía Schopenhauer: hay que mantener los menos lazos posibles de comunicación.

P.: **¿**Y usted qué opina?

R.: Que la familia solo es una construcción cultural. Creo en un modo de familia comunitario. No individual tal cual la conocemos.

P.: Vaya. ¿Y cómo sería eso?

R.: Familias conviviendo en pequeños grupos comunitarios. Un paquete de harina de 50 kg y hacemos el pan para todos. Y así. Este sistema nos atomiza. Y así están usted y su vecino, al que ni conoce, comprando tristes barras de pan y, peor aún, creyendo que este acto los convierte en seres libres.

P.: Me parece interesante. Aunque pienso que lo más conveniente es que por ahora se ajuste a lo que está a su alcance. Estoicismo. Pequeños radios de influencia, pequeños cambios. ¿Ha comenzado a comer como es debido?

R.: Estos días solo he estado leyendo a Erich Fromm. Lo que decía en *¿Tener o ser?* es duro de masticar al comienzo, aunque luego todo cierra.

P.: Siempre todo cierra, R.

R.: La semana pasada, al salir de aquí, caminé un buen rato. Luego entré en una cafetería, noté que las temperaturas habían comenzado a bajar y pensé que apetecía volver a un viejo hermano: el café. Sí, con el otoño e invierno la vida parece volver a sonreír, y quizás, como en el libro de Erich Fromm, esta era la verdadera familia: la esencia.

ESCENA 7

P.: Bien, R., ¿cómo le ha ido esta semana? ¿Trabajó el tema de la angustia, como habíamos quedado?

R.: No exactamente. Hice todo lo contrario, leer a Kierkegaard.

P.: Así no vamos a ir a ningún lado.

R.: Usted sabe tan bien como yo que la angustia no se trabaja. Está siempre ahí. Podrá decirme si seguí sus consejos conductuales para evitarla. Lo intenté, aunque luego me venía más angustia aún. Así que preferí seguir en mi estado de eterna melancolía.

P.: Lo malo es eso, caer en la melancolía. ¿Salió a dar un paseo, como habíamos quedado?

R.: Sí. Y en un bar conocí o me habló una mujer.

P.: Muy bien. ¿Y qué pasó?

R.: Nada, tenía más angustia que yo.

(Voz en off *de R.).*

R.: Ahora ella dirá aquello de la posibilidad de medicación. Le diré lo que Karl Popper decía acerca de trasladar cuestiones universales a actos particulares y lo paradójico de todo este asunto.

P.: Lo veo mejor, se nota que le ha dado algo de sol, al menos en el rostro.

(Voz en off *de P.).*

P.: Ahora saldrá de la consulta, y hará lo de siempre, caminar solo, oír a Bill Evans. Las almas melancólicas suelen ser metódicas. Y la semana que viene dirá aquello de que un árbol pareció saludarlo con las ramas. Y que envuelto en el halo ámbar, en el cual sabe moverse, todo está angustiosamente bien.

ESCENA 8

P.: ¿Cómo le ha ido esta semana, R.? ¿Siguió con la rutina de dar al menos un paseo, como hemos convenido? ¿Llamar a un amigo, dejar durante un momento tanta introspección?

R.: Sí, incluso después de meses, años quizás, entró una llamada al teléfono. Era Raquel, una amiga. Que lo acababa de dejar con su chico. Y nada, le dije que era el menos indicado para hablar de estas cosas. Aunque quedamos en El Pavón.

P.: Muy bien, así me gusta. Que se sienta útil más allá de haber estudiado Filosofía. ¿Y de qué hablaron?

R.: Me contó que todas sus relaciones se terminan por cuestiones de poder. Cuestión con la que me sentí muy identificado. Y que, si lo analizamos desde una visión *foulcautiana,* debe ser el único motivo por el cual se terminan todas las relaciones interpersonales, no solo las de pareja.

P.: ¿Qué opina al respecto?

R.: Foucault decía que el poder está hasta en la piel. Que nos deja marcas en la piel. Mire...

P.: Me gustaría saber su opinión, no la de Foucault.

R.: No sé bien qué decirle. El poder está siempre. Por ejemplo, aquí. Según Hegel, usted ahora ejerce un papel «amo» y yo de «esclavo». Usted tiene el conocimiento sobre lo que tratamos. Y esto último es poder. También, sin ir más lejos, están los dispositivos de poder de los que hablaba Lacan.

P.: Quizás sus relaciones se terminan porque el poder se invierte y usted se siente como ahora: un esclavo.

(Voz en off *de P.).*

P.: Lo sé, caminará un buen rato, pensará en lo que hablamos acerca del poder. Foucault, Hegel, quizás Marcuse que ayuda a interpretar a Hegel, y sé que tiene razón cuando habla del «dispositivo de poder» aquí, en la consulta. Verá a los niños salir del colegio. El sol caerá oblicuo sobre el rostro. Siempre estamos sometidos a pequeñas voliciones de poder. Sonará el teléfono. Será ella. Sí, después de más de ocho meses. Preferirá no cogerlo. Comprenderá que esto también es poder.

ESCENA 9

P.: Bien, R., ¿cómo le ha ido esta semana? ¿Siguió la pauta de comidas diarias que hemos pactado?

R.: No del todo. Ya sabe usted. La famosa procrastinación. Postergo comer. O peor aún, prepararme algo. También notas que nunca termino de redondear. La otra vez pensaba que estoy como en una eterna zona de tránsito.

P.: Es interesante eso último. Cuénteme más.

R.: A veces pienso que habito una especie de burbuja más bien temporal. Como si me hubiese quedado varado en medio de un puente. Sin llegar al otro lado. Me reconforta en cierto modo esta zona de tránsito, porque mina todo lo que usted intenta reconstruir: la identidad.

(Voz en off *de R.).*

R.: Ahora hablaremos un poco más. Ella dirá algo con respecto al sentimiento de castración y, como en toda terapia, allí estará una vez más la figura de papá.

P.: ¿Cómo lleva todo esto con su hijo?

R.: Con mi hijo soy un amigo. Le cuento todo tal cual se lo contaría a un amigo.

P.: ¿Y él qué dice?

R.: «Tú no tienes la culpa de nada, papá».

(Voz en off *de P.).*

P.: Siempre que hablamos de su hijo se queda en *shock*. Y no queda más remedio que terminar antes la sesión. Quizás estos *shocks* ayuden a sacarlo de la eterna anhedonia en la que vive. Ahora bajará. Se le ve mejor. El sol se mete antes, eso anima a almas melancólicas como la suya, lo mismo que el otoño y las tardes nubladas. Irá al Retiro, como luego me cuenta una y otra vez que hace. La mejoría está en que, con su poética, intenta extraer un halo, aunque sea mínimo, a tanta tristeza *holderiana*. Un mirlo cantará. Recordará lo ocurrido aquí y quizás piense que ese mirlo tampoco tiene la culpa de nada.

ESCENA 10

P.: ¿R., cómo le ha ido esta semana? ¿Contempló la posibilidad de un animal de compañía?

R.: Sí, me ofrecí de acompañante en una jauría de perros, aunque no me aceptaron. Es broma. Como buen *schopenhuariano* que me declaro disfruto de mi soledad. No veo por qué someter a un animal para que intente en vano, si es que un animal puede tener la idea de la intención, llenar la angustia de finitud existencial. Esta semana pensé sobre la idea de «frontera», lo límite, ya que hablamos de finitud.

P.: Parece interesante, ¿y qué pensó al respecto?

R.: En matemáticas la idea de lo límite se resolvió con el valor exponencial. Por ende, a nivel existencial podría resolverse de la misma forma.

P.: ¿Cómo sería? Cuénteme, me gusta esa idea.

R.: Es simple: para ayudar a llevar mejor la idea de sabernos finitos me autopropongo vivir de una forma exponencial.

P.: Va mejorando. Cuando llegó aquí quería dormir veinte años seguidos. Ahora quiere vivir de una forma exponencial.

R.: Será que tarde o temprano aprendemos a soltar.

(Voz en off *de P.).*

P.: Ahora saldrá de la consulta. Hará lo de siempre. Aquello que a la semana comenta aquí. Calle del Pez, Malasaña. Bill Evans en los oídos. Dos niños jugarán en una plaza. A uno se le soltará un globo. Y él verá cómo se va hacia el cielo. Sonreirá, porque su ánimo, ahora que es consciente de la propia sombra, aquella que tanto teme a la finitud, va mejorando.

Y mientras observa cómo el globo asciende, producto del helio, quizás por pura casualidad de libertad, él comprenderá que esto último es el límite: soltar.

ESCENA 11

P.: Bien, R., ¿cómo le ha ido esta semana? ¿Llamó a alguien para salir del claustro ese en el que vive desde hace ya ocho meses?

R.: No. Estoy bien así. ¿Qué sentido tiene salir? Me lo paso bien allí, con las cortinas bajas, todo oscuro, sin hablar con nadie ni haciendo nada.

P.: ¿Se ha dado cuenta de que es una regresión al estado uterino?

R.: No lo sé. No pienso en esas cosas. Últimamente no pienso en casi nada. Ayer sí, pensé en la acidia. Tomé notas al respecto. El espíritu melancólico que nombra Giorgio Agamben en su libro *Estancias.* La bilis negra en la Edad Media. Y según su ídolo, Freud, el regreso de la libido al yo o al narcisismo primitivo ante la pérdida del objeto de deseo.

P.: No soy freudiana, ni mucho menos. ¿Y cuál es su pérdida, R.?

R.: La alegría. Todo, desde más o menos de la década de los noventa, me parece terriblemente triste, pese a los McDonald's y a los Starbucks. No vaya a confundirse, me adscribo a la escuela austríaca: *Camino de servidumbre* es uno de mis libros de cabecera a nivel de ideas, y coincido con Hayek en todos los puntos de su manifiesto. Quizás lo que me produce tristeza es ver tanta superficialidad. Tal vez tanta publicidad. No sabría explicarlo.

P.: Está bien que reconozca su estado melancólico. Ahora haga algo con ello. Últimamente hace mucho calor aquí. ¿No lo ha notado?

R.: No lo sé, recuerde que nosotros, los de la bilis negra, tenemos la sangre fría.

(Voz en off de P.).

P.: Ahora caminará un buen rato. Tal vez la semana que viene cuente alguna historia de esas como que por calle Pez una mujer que venía en sentido contrario sonrió al verlo. Sí, los «melancos» se reconocen entre ellos. Supondrá la teoría de que son una familia y transforman la melancolía en actividades como pintar, componer canciones, escribir (en su caso particular), y aquí quizás reconozca que lo particular puede, en ocasiones, coincidir con lo universal. Tal vez esta sea la estrategia para que vea que hasta el más sofisticado de los paradigmas es revisionable. ¿Cómo no se me ocurrió antes? Es Karl Popper. Uno de los de su escuela de pensamiento de Lógica Formal. Sí, el falsacionismo es la clave.

ESCENA 12

P.: Buenos días, R., ¿cómo le ha ido esta semana? ¿Siguió la pauta de comidas que hemos pactado? ¿Se ha planteado dejar de fumar?

R.: He comenzado a hacerle caso. No sé bien por qué motivo la semana pasada comencé a pensar en el falsacionismo de Karl Popper, y lleva usted razón. No está mal romper ciertos paradigmas. Y así, de una sola vez dejé de fumar. Me siento mejor ahora. Aparte de esto, estuve meditando sobre el lenguaje. En esta forma lineal y encorsetada que tenemos para expresarnos. Su ídolo, Lacan, escribió veintisiete seminarios al respecto.

P.: No soy lacaniana, ni mucho menos. ¿Y qué pensó?

R.: Quizás si habláramos con otros signos *non que* símbolos, tendríamos otra percepción del espacio-tiempo.

P.: Es interesante lo que me cuenta, continúe.

R.: Una vez, con una pareja pintora con la que estuve, decidimos durante un tiempo comunicarnos con gráficos. En un cuaderno. Estuvimos seis meses así. Nunca supe si nos entendimos o no. El tema es que quizás fueron de los seis mejores meses de mi vida. A veces lo malo es todo esto: pretender algún tipo de entendimiento. Como usted ahora. Quizás lo mejor es simplemente la no-novedad. Y solo fluir.

P.: Sin hablar también comunica. Recuerde el halo de humanidad que se cuela, también, en la palabra. Queda en nosotros el compromiso de humanizarla.

(Voz en off *de P.).*

P.: Como todos los miércoles, saldrá de la consulta y caminará un buen rato. Lo de siempre. Calle del Pez. Malasaña. Gran Vía. La semana que viene contará que vio estallar el sol contra el cielo al ponerse y volvió rojo bordó a toda la escena. Y pensará que tal vez ese tipo de mensajes que el sol nos da al ocultarse es la verdadera novedad. Cada día, a eso de las veinte. Y quién sabe si hasta vuelva a sonreír.

ESCENA 14

P.: Bien, R., ¿cómo le ha ido esta semana? ¿Sigue encendiendo los hornillos de la cocina con lo que es su novela?

R.: En eso estoy. Ya ve usted, autoestima cero. Además, creo que todo lo que he escrito en estos últimos años no vale para nada.

P.: Quedamos en que trabajaríamos la autoestima. Y que escribiría en un papel veinte aspectos buenos de su rol como escritor. ¿Lo hizo?

R.: Sí, luego con ese folio encendí un hornillo para calentar agua. Ya sabe, el mate y esas cosas.

P.: Vaya...

R.: Pensé en escribir una novela donde la trama es lo inquietante. Rilke decía que lo inquietante está en lo familiar reprimido.

P.: Bien, me interesa eso, continúe.

R.: La idea es que la protagonista es una mujer a la que todo le inquieta.

P.: El proceso de represión vuelve inquietante en el otro lo que realmente nos inquieta en uno o una.

(Voz en off *de P.).*

P.: Ahora caminará, lo de siempre: calle del Pez. Quizás comience a comprender que es una tarde de un ocaso mágico. Tal vez piense en la protagonista de la nueva historia y brinde por ella.

ESCENA 15

P.: Bien, R., ¿cómo le ha ido esta semana? ¿Avanzó algo en la novela en la que está trabajando desde hace más de tres años o sigue utilizando los borradores de esta para hacer ejercicios de papiroflexia?

R.: Más bien lo segundo. Sigo pensando que lo que he escrito este último tiempo no vale para nada. Ni siquiera para hacer grullas. Sí estuve en la cafetería de siempre, apuntando notas sueltas para lo nuevo que estoy escribiendo.

P.: ¿Y de qué van esas notas sueltas? ¿Por qué no se propone conformar un conjunto? ¿A qué le teme, R.?

R.: Van sobre varias cuestiones acerca del lenguaje. Por ejemplo, la importancia del pronombre. Gracias al pronombre pasamos de significar a indicar. Y es en esta traslación cuando aparece toda la metafísica del Ser. Sería algo así como el paso del Da al Dasein de Heidegger.

P.: Recuerde que en la Otredad viene implícito también el Yo del pronombre. Reflejado, podríamos decir, casi como en el espejo de Artaud. O de forma invertida en el caso del florero cóncavo de Lacan.

R.: La última vez que quise coger ese florero se hizo trizas en mis miedos. Prefiero a veces quedarme con el «esto» de Hegel o Das Diese.

P.: Es interesante lo que me cuenta. ¿Por qué no hace con ello un ensayo?

R.: No lo sé. Lo de siempre: comienzo con mucho entusiasmo algo y a los tres folios ya utilizo ese borrador para hacer pajaritas de papel.

P.: Con esto que me cuenta lo único que logra es procrastinar su pronombre. Por lo que no habría relato alguno de sí mismo y por ende tampoco habría ensayo u obra. El entusiasmo, así como la inspiración, vendrán solas. No lo fuerce. Astor Piazzolla compuso *Libertango* con cincuenta y cinco años.

(Voz en off *de P.).*

P.: Ahora saldrá de la consulta y lo de siempre: calle del Pez, Malasaña. Caminará con el sol, que le caerá tibio sobre el rostro. Se cruzará con los niños que casi siempre encuentra jugando en la plaza y lo más probable es que recuerde pasajes de su infancia. Y notará que algo del entusiasmo que tenía de niño vuelve poco a poco. Comprenderá entonces que el entusiasmo, así como la inspiración, solo es una marea, un pulsar silencioso que está dentro y que hay que esperar que vuelva y, como toda marea, traiga los buenos días.

ESCENA 16

P.: Buenos días, R., ¿cómo le ha ido esta semana? ¿Pudo darle una idea de conjunto a las notas que estaba tomando acerca del lenguaje y lo que me contó que estudió sobre Giorgio Agamben al respecto?

R.: No del todo. Casi arrojé las notas, no son muchas tampoco, al primer contenedor que vi al salir de casa.

P.: Creo que deberíamos trabajar más sobre la voluntad.

R.: Vaya coincidencia, el otro día tomé notas sobre la voluntad. El gran matemático Hilbert decía que las matemáticas se mueven por signos. ¿Aunque cuál es el sentido de que haya signos? Una terrible voluntad de expresar, relacionándolo con el lenguaje del cual hablamos. O por el cual hablamos. Aunque no sé si aquí hablamos.

P.: ¿A usted qué le parece?

R.: La otra vez que hablamos acerca del entusiasmo, al salir de aquí pensé en mi infancia. Caí en la cuenta de que «in-fancia» significa esto último: sin voluntad. Sin voz, podríamos decir también. Llegué a la conclusión de que quizás por eso escribo, porque me siento sin voz, lo que daría a entender que aún no he superado la infancia.

P.: Continúe...

R.: Cada vez que dice «continúe» creo estoy llamando a un teléfono erótico.

P.: R., en los tres meses que llevamos de terapia es la primera vez que le oigo decir algo con respecto al sexo. ¿Por qué se siente castrado? ¿A qué le teme?

R.: No lo sé, pienso que será como todo. Alguna influencia de Nietzsche, y como siempre la cuestión de la voluntad. La vitalidad también. Quizás la eterna lucha que deja entrever Ovidio en su *Metamorfosis*. Entre tantas que nombra. Me refiero a aquella entre Eros y Tanatos. Podrá ver cuál de los dos va ganando en mi caso.

P.: Recuerde que la voluntad se trabaja, es como un músculo. Hay que forzarla, moverla. De ella nacerán los hábitos. Y de allí el carácter. Intente, poco a poco, que predomine la pulsión de vida y no la otra.

R.: ¿Cuál otra?

P.: La de muerte.

ESCENA 17

P.: Bien, R., ¿cómo le ha ido esta semana? ¿Avanzó algo en la novela en la que está trabajando desde hace más de tres años o sigue picando los borradores de esta para luego hacer confeti con ellos y arrojarlo en las fiestas de sus amigues?

R.: Más bien lo segundo. Sigo pensando que lo que he escrito durante este último tiempo no sirve ni para arrojarlo a modo de festejo cuando entra el Leganés al campo de juego. Por cierto, siempre me escapo de las fiestas de mis amigues. Ya sabe: autoestima cero. Y una terrible animadversión hacia el género humano.

P.: Dijimos que trabajaríamos las habilidades sociales. Debe exigirse quedar con gente. Es por su salud, es tan importante como comer, dormir. Sé que ama el silencio y estar solo, aunque cada tanto debe ver a gente. Al menos que sean afín a su mundo de literatura, filosofía, libros, ¿psicología?

R.: Mire qué coincidencia, justo estos días estuve leyendo un ensayo de Walter Benjamin sobre el silencio. Tomé notas al respecto. El silencio, dice, nos lleva a la totalidad del Dasein. Heidegger de nuevo. El lenguaje realmente nos condena. Intentar descifrarnos quizás es el error.

P.: La Otredad, recuerde; solo es igual si oye.

R.: Entiendo, aunque a veces pienso que el silencio es como volver a casa.

P.: Me gusta cuando está así, «poético-animado».

R.: Ya ve usted: el *ying* y el *yang*.

P.: El silencio, como lo entendían en la Orden de la Cartuja, seguidores de san Bruno, es como la *petit-morte* para los franceses. Quizás por eso nos gusta. Es como un orgasmo. Aunque luego, R., como en el sexo, hay que seguir con la vida.

(Voz en off *de P.).*

P.: Ahora hará lo de siempre: salir de aquí, calle del Pez, Malasaña; colocarse los cascos, sonará Bill Evans, como tantas veces cuenta que lo oye, y verá a la gente caminando deprisa por Gran Vía. Sí, notará que el bullicio, el ruido, siempre habían estado dentro de él, mientras que en los cascos Bill Evans habría sido quizás el mejor de los ansiolíticos.

ESCENA 18

P.: ¿Cómo le ha ido esta semana, R.? ¿Envió algo de material a su editora o aún sigue con el ordenador estropeado? Debe ser el único escritor del mundo que usa una Olivetti a la que le falta la «t» para escribir. ¿Por qué se autoboicotea? ¿A qué le teme?

R.: Hablé con ella, quizás le envíe un par de cuentos que hablan de mi infancia. Así, por *e-mail*. Escribo en el móvil, es el único soporte que aún no se me estropea.

P.: ¿Por qué no se reafirma como escritor e invierte en usted? Un ordenador. Puede conseguir uno usado a muy bajo coste.

R.: Usted quizás habla de la transcendencia. La potencialidad del ser, según Agamben. El otro día leí al respecto. Decía que la potencia también es privación. Que me prive de editar no quiere decir que no escriba. Escribir es la facultad. Editar es la potencia de escribir. Adorno nos habla de hacer potencias desde la negatividad.

P.: Me gustaría saber su opinión, no la de Adorno, que aparte es un detractor de la psicología moderna.

R.: Mi opinión es muy humilde: todo llega a su tiempo. Ya editaré.

P.: Siempre caemos en la voluntad, y con ello en la autoestima. Olvídese ya de quienes nunca le apoyaron y hágase cargo de su vida, R. Y ya. No pierda más tiempo, olvide ya de una vez a sus padres, parejas, etc. A mí me gusta como escribe. Yo compraría sus libros.

(Fundido en negro).

ESCENA 19

P.: ¿Cómo le ha ido esta semana, R.? ¿Avanzó algo en la novela esa en la que está trabajando desde hace más de tres años o sigue utilizando los borradores de esta para tapar las filtraciones que tiene en el techo?

R.: Más bien lo segundo. Sigo pensando que lo que he escrito este último tiempo no sirve para nada. Ni siquiera para aislar las juntas de la ventana y que entre menos frío.

P.: ¿Se ha planteado escribir algo nuevo? ¿Se ha dado cuenta de que tiene casi todo roto?

R.: A lo primero y segundo la respuesta es «no». No pienso en esas cosas. ¿Qué más da? No somos tan importantes. Ni siquiera somos importantes.

P.: ¿Se ha dado cuenta de que su relativismo lo conduce a un concepto de absoluto? ¿Y ese absolutismo en el pensar, como cualquier otro, aniquila la individualidad? En este caso, la suya.

R.: No tiene por qué ser del todo así. Usted me lo dice porque basa su conocimiento en el imperativo categórico de la identidad y uno se descubre a sí mismo en toda su riqueza cuando los límites de la identidad-individualidad se debilitan. Esto último no es mío, es de Theodor Adorno.

P.: ¡Seguimos con Adorno, Dios! ¡Que era un detractor de la psicología moderna! ¡Cómo lo odio! A veces me pregunto para qué viene aquí. ¿A qué viene aquí, R.? ¿A qué le teme?

R.: No lo sé. Quizás vengo solo a hablar con usted. No temo, únicamente espero no perder jamás la capacidad de ver diferencias y aprender de ellas. Como ahora con usted. También debo reconocer que usted con sus consejos conductuales me brinda una cierta ilusión de libertad técnica, y eso por ahora me hace bien.

P.: Me gustó eso último. Tampoco, quiero aclararle, le tema al absoluto. En él también hay un viaje, un salirse del lugar originario. Una enajenación.

R.: Me gustaría quedar con usted alguna vez. Eso sí sería un desvanecernos y un absoluto.

P.: Usted sabe tan bien como yo que eso es imposible. Tiraríamos abajo ocho meses de terapia.

(Fundido en negro).

ESCENA 20

P.: Bien, R., ¿cómo le ha ido esta semana? ¿Avanzó algo en la novela en la que está trabajando desde hace más de tres años o sigue picando los borradores de esta para luego utilizarlos como rellenos de cojín?

R.: Más bien lo segundo. Sigo pensando que lo que he escrito este último tiempo es una bazofia. No sirve ni para relleno de muñecos.

P.: ¿Se ha dado cuenta de que su bloqueo, ya sea artístico o personal, remite a que está anclado en el pasado?

R.: No creo sea tan así. Aunque algo de eso hay. No obstante, intento no categorizar.

P.: Comience algo nuevo. Tanto artístico como personal. Hackéese a sí mismo. Establezca nuevas sinapsis neuronales.

R.: El otro día leí algo al respecto. Alain Badiou habla acerca del presente. Dice algo así como traer la filosofía al presente. Revivir la idea de sujeto. Que el pasado solo son imágenes y el presente es lo vivo, lo que arde. Y decía una frase muy bonita: «Preparemos la desnudez poética del presente».

P.: Quisiera saber su opinión, no la de Badiou.

R.: Creo que ya es hora de quitarme tanta ropa del pasado y quedarme desnudo ante la poética del presente. Imagino que, cuando ocurra eso, comenzaré a escribir de nuevo.

P.: Bien, R., así me gusta. Deje ya tanta melancolía. ¿Y sobre qué va a escribir?

R.: Serán unas especies de *plaquettes*, que irán dentro de un libro-objeto con forma de agenda de psicóloga, como la suya, y serán microcapítulos que hablarán sobre un sujeto que va a terapia, aunque no hace terapia, si no que más bien va a conversar con la psicóloga.

P.: El pasado está bien solo para ir de visita. Aquello que dijo Lacan acerca del falo especulativo del presente como un acercamiento a la verdad.

R.: No todo es cuerpo y lenguaje.

P.: Y lo dice usted, que es escritor.

(Fundido en negro).

ESCENA 21

P.: ¿Cómo le ha ido esta semana? ¿Pudo enviar a la editora los relatos que me comentó que hablan de su infancia? ¿O aún sigue pensando que todo lo que ha escrito en este último tiempo es una bazofia?

R.: Más bien lo primero. Estoy en ello. He logrado, después de mucho tiempo, escribir algo nuevo. Le envié la vez pasada uno de nombre «Sismos» y le gustó bastante. He pensado incluso en dejar de venir aquí. El bloqueo, pienso, ha cesado.

P.: ¡Muy bien, R.! Así me gusta.

R.: Creo que es algo definitivo. Cierro la puerta a todo lo anterior y ya ve usted: página nueva. Reinventarse o morir. Aún soy joven para lo segundo.

P.: Muy bien. No sabe usted lo feliz que me hace oírlo y verlo así. ¿Sabe una cosa? Ahora que ya no será mi paciente, quizás sí podríamos quedar. Este sábado, en el café al que va usted siempre. Donde me dice que va a tomar notas.

R.: Me parece perfecto.

P.: Antes nos hablamos. Ambos tenemos nuestros teléfonos. Me parece curioso que en estos nueve meses nunca me haya llamado así como de urgencia, digamos.

R.: No creo en lo urgente. Para todo hay tiempo. Sí creo en lo necesario, por ejemplo: el amor.

P.: ¿Qué opina al respecto?

R.: Que el amor pertenece a lo humano. Y lo humano escapa a todas las categorías de la razón. Si no fuese algo instintivo, y lo calculásemos, nos extinguiríamos como especie.

P.: Me gusta que estos nueve meses hayan servido para algo. Que haya dejado de beber, de fumar. Que haya vuelto a escribir. ¿Cómo se llamará el libro?

R.: «De niño», y entre paréntesis «Días de The Cure, *mountains* & goles al sol». Un homenaje a la amistad. Y a la ilusión de vivir.

P.: Bien, nos vemos este sábado entonces. En El Pavón.

(Voz en off *de P).*

P.: Ahora saldrá de la consulta y lo de siempre. Calle del Pez. Malasaña. Madrid. Verá los primeros arreglos de Navidad y, quién sabe, hasta piense que esta será la última vez que haga el recorrido de los miércoles. Al menos así, solo.

FIN

ÍNDICE

Este libro se terminó de editar en Granada
en julio de 2024 por

Aliarediciones

www.aliarediciones.es

info@aliarediciones.es